Cho Kwang-Hyun

시인 조광현

때론 너무 낯설다

조광현 시집

때론 너무 낯설다

Poetics 시학

■ 시인의 말

대학시절 『회귀선 시문학 동인회』 활동을 시작한 1972년 무렵부터 내 꿈은 의사가 되기 이전에 시인이 되는 것이었다. 당시 나는 대학신문과 문예지에 몇 편의 시를 발표하며 수권의 습작 노트를 만들기도 했다.

그러나 곧 좋은 시를 쓰지 못할 바에야 좋은 시를 읽는 것이 훨씬 유익하다는 생각이 들었다. 호주머니에 청진기 대신 시집을 꽂고 다니기도 했다.

이후 문우들이 등단을 하고 시집을 내는 등 왕성한 활동을 하는 동안 나는 흉부외과 의사라는 천직에 묻혀 살았다. 그런 나에게 2006년 수필 전문지 『에세이스트』, 문예지 『미네르바』와의 조우遭遇는 과연 필연이었을까? 우연이었을까? 나는 다시 회귀선에 서기로 다짐했다.

아무튼 늦어도 한참 늦었다. 그러나 아직도 호흡하는 생명으로, 더러는 문득 다가온 시혼詩魂으로 몸살 하는 불면의 밤 있기에 이제 한 권의 시집을 상재上梓하게 되었다. 참 부끄럽고 두렵다. 실은 모든 것을 내려놓고 싶은 이 가을이기도 하다.

2009년 10월

조광현

차 례

제3부 몰운대沒雲臺에서

제4부 그런 날이 있었다

제5부 당신의 가슴에 청진기를

제6부 남은 날을 위하여

제1부

겨울밤을 위하여

봄비

산골 초등학교 교정에
꽃비가 하얗게 내리고 있다

봄비 내리는 아름다운 교정을
하염없이 바라보는 소녀

창에도 그녀의 양 뺨에도
순수의 눈물이 미끄럼을 타고 있다

벚꽃 지는 게 너무 아쉬워
집에 갈 수가 없다

벚꽃 나무 밑 물먹은 두꺼비처럼
연신 반짝이는 그녀의 얼굴

오늘도 봄비 속에
그녀가 울고 있다.

바다의 엽서

1

밤바다는
그 넓고 깊은 이불을 편다
억만 파도를 잠재우는 밤에도
바다새는 자지 않고
잠들지 않는 파도 소리를 듣는다
모든 귀가 열린다
고요가 점점 높아진다
쏴아 쏴아
출렁이는 밤하늘
일월日月의 긴 다리 위를
앞서며 뒤서며
깜박이며 스쳐 가는 불꽃들
미지未知의 바람결에 흔들리며
전갈과 오리온좌座 사이에
당신과 나 사이에
문득 가교架橋의 은하수가 흐른다
때로는 생애의 양끝에 서서

팽팽히 줄 당기는 인생
바다새
뜬눈으로 이 밤을 지새워야 하리.

2

땅의 여정旅程 끝나는 곳
배 떠나가네

이제 가면 언제 오나
장렬하게 배 떠나가네

아무렴 어떠리
이별인들 어떠리

배 떠나갈 때
나도 일체 실어 보내야지.

태풍

벵골만에서 일렁이는
저 열대저기압 무서워요
큰 태풍이 올지도 몰라요
틀림없이 대홍수가 올 거예요

보세요, 무너진 제방이 또 무너지고
가옥들이 또다시 엎어지고
추녀 서까래 사람들이 파묻히고
먼저 간 사람들이 마중하고 있잖아요

불 꺼진 하늘 마을 창문마다
표표히 나부끼는 깃발
낙뢰를 맞아 산산조각 나고
도회의 찻집에선 사람들이 둘러앉아
무슨 대책이 없느냐고
웬 난리냐며 혀를 끌끌 차고 있네요

아, 연일 장대비 쏟아지는데

뿌연 텔레비전 화면에서는
멋진 포즈로 안타까운 표정을 하고
반짝이는 은색 상자 속으로
사람들은 자꾸 봉투를 집어 넣는데
올해도 수재의연금 간 곳이 묘연하다고 하네요

그래 한바탕 난리가 끝나면
폐허의 땅에도 이윽고 가을이 오겠지요
그러면 하늘 종소리 은은히 높이 울리고……

나는 오늘도
태풍이 쓸고 간 내 생의 황무한 언덕에 올라
모든 것을 수습할
가을의 전령을 기다리고 있습니다.

음악실에서

배경은 어두웠지
하얗게 펄럭이는 너의 아름다운 무도舞蹈
둘러앉은 벽마저 아우성치고
석고상과 금붕어도 귀를 열었지

창 밖 튤립은 소리 없이 비에 젖고
망설이며 망설이며
강박强拍의 눈물 흘러 흘렀지

깔깔한 전신의 표피에서 감각되는
네 영혼의 물무늬 고운 결
깊은 호흡, 항진되어 있는 심계心悸
나의 혼신은 출렁이고 있었지

지척의 거리
그래도 아득한 우리의 거리.

가을 여행

1

구두 끈 잔뜩 조여 매고
이 가을 떠나야 하리
가서 보리라
지난 여름 욕망이 모두 삭아 내린 후
무엇이 지금껏 살아 숨쉬는가

2

어느 산기슭 무연히 다가가
산돌림에 땀을 식히고
한 잎 낙엽처럼 몸을 누이리

호젓이 깃 내리는 밤을 위하여
사위에 적막 한 장 병풍을 치고
계곡 깊은 먹물에 멱을 감으며
바람결에 스치는 그 이름을 부르리

3

산새들의 노랫소리
시작도 끝도 없는
깊고 깊은 곳으로 이제는 가자
제 짐 모두 내려놓은 가을 숲에서
나 또한 배낭을 모두 비우리

4

빈 들에 바람처럼 나는 가리라
휘어진 산길 따라, 들길 따라
바람결에 들며 나며
다시금 어두운 새로운 밤과 만나며……
나뭇잎들이
단풍의 바다에 떨어지고 있네.

대학 시절

남포동에서, 자갈치에서
캠퍼스에서
데모하고 최루탄 마시고
들이키던 막걸리
질보다 양이다

하찮은 이야기 비분강개하며
대학촌 고갯길에서
일제히 방뇨를 하면
산마을 온 동네 휘청거렸다

우리 청년의 사계절
학업을 전폐하고
반대, 반대, 반대 외치며……
나는 왠지 서러웠다

반대, 반대, 반대
목 터져라 외쳤지만

나는 왠지 자신이 없었다
하나도 되는 일이 없었다

나의 청년 실의하여 잠들던 밤에
대한大寒 추위 감기 앓던 초승달이
하숙방 봉창에 얼어붙었다.

주룽 새 공원*

누가 물었다
주룽새 공원에는
정말 주룽새가 있을까요?
당연히 없지
주룽에 있는 새 공원이라고
정확히 알아야지

주룽 새 공원 인공 호수에
유유히 발목을 적시는
홍학의 무리를 지나
공중열차 제2구역에 하차했다

3미터의 날개를 펴고,
3천 미터를 차고 올랐던 펠리컨
그의 슬픈 두 눈과 마주쳤다

---

* 주룽 새 공원 : 싱가포르에 있는 새鳥 공원.

너희도 별수없어!
그의 메시지는 참으로 강렬했다

실상
세상에는 또 얼마나 많은 사람들이
날 수 없는 고통에 울고 있는가

아, 그렇다
주룽 새 공원에는
자존自尊을 모두 버린 새, 잘 길들여진
주룽새가 있을 뿐이다.

눈 오는 날

네온이 휘황한 도심의 고층건물
그 아래 지나갈 때
나는 항상 생각한다
낡은 목조건물 2층
총천연색 활동사진, 2본 동시상영하던
그 옛날 영화관을……

문득 활동사진 필름이 끊어지고
도둑처럼 다가가 그대 입술을 감행하던
비겁했던 내 젊음을……

수십 년 전 겨울 이 거리에서
하얀 눈이 내려 내려
부끄러웠던 나의 일체를 덮어 주었다

어느 세월에
새 단장 화면이 다시 뜨고 흔들리며
내연한 입술들은 자꾸 포개어졌다

오늘도 이 거리에 눈이 내려
신新세기의 오물汚物 같은
그래도 나의 모든 허물을 덮어 주려나.

겨울밤을 위하여

잠든 아내의 흐트러진 머리칼을
얼어붙은 달의
하얀 손이 어루만지고 있다

오늘 시장에서는
푸성귀 두어 다발
망설이며 사 들고
두려움의 거리 건너왔을 그대여
문득 머물고 간 잠든 얼굴의 미소
그대 꿈속에서나마 영화로운 일상에
예사로이 귀금貴金의 흥정이나 하는가
그러나 그대여
섣불리 희망으로 가서는 안 되네

살 속 깊이 스며드는 한기寒氣의 실내
보게나, 기침하며 가구들이 날아다니고
나는 끊임없이 원고지를 메우지만
구석구석 목말라 있는 시정詩情과 내가 키운

무릎 다친 말馬들의 아우성과
적막으로 갈앉은 불면
그러나 그대여
섣불리 실의失意에 차서 돌아서지 말게나

무릎 다친 말들이 아우성치며 넘어지면
아우성으로 다시 말들은 일어서리라
가난할수록 더욱 견고한 우리의 자산
우리 사랑의 간증干證처럼
아름다이 꿈속으로 승강하리니
그러나 그대여
또한 섣불리 희망으로 기대지 말자
꿈은 언제나 행방行方이 묘연하며
내 꿈은 언제나 초조하였다네

누구의 빈 벼루를 적시기 위하여
밤 깊이 이렇게 먹을 갈고 있는가
그대의 두 귀를 덮고 미간을 덮고 창을 덮고

드디어 온 땅을 덮어 버린
묵즙墨汁
그러나 나는 아직도
잠들 수 없네
문득 보는가
비스듬히 다가오는 듯
총총히 어디론가 사라진 모습
그 실체를 포착할 때까지
섣불리 희망으로 가서는 안 되네
섣불리 실의失意의 도리질도 안 되네

온밤 내내 설레며
헐벗은 이 겨울의 창문을 열고
예사로이 피어오를 축복의 언어
드디어 뚜렷이 보일 때까지.

제2부

때론 너무 낯설다

수술실에서

신경외과 정 선생이
환자의 머리에 핀셋을 집어 넣어
생각주머니를 마구 휘젓고 있을 때
나는 오랜 세월 풍화된 노인의 혈관을 붙잡고
온밤을 하얗게 지새우고 있었다

자정 넘어 새벽에
군데군데 도랑 터져
일순 황톳물 범람하였다
붉다 못해 검은 피 뭉글뭉글 어리고
나는 황급히 맨발로 뛰어들어
낚싯바늘을 자꾸 던졌다
피의 바다에서
피라미 하나라도 건지고 싶었다

아, 생각하면 모든 것이 나의 불찰이었다
왜 하필 나는 불구의 행림杏林이었나
나는 항시 바로 설 수가 없었다

아무리 발 내려도 닿을 수 없는 심연深淵
그것이 나의 원죄였다

그래도 나는 멈출 수 없었다
그러나 어림없었다
내가 잡은 생의 끄나풀 끝에서
흑어黑魚들이
낚싯바늘을 물고 툭툭 터져나갔다
누가 이 가증함을 용서할 것인가

정 선생이 이제
생각주머니 주름잡아 곱게 접고 있는 동안에도
무영등 아래
내 환자의 혈관은 자꾸 부풀어 올랐다.

때론 너무 낯설다

나는 흉부외과 30년짜리 의사
그렇다고 익숙한 것만은 아니다
때론 너무 낯선 생의 행간에서
나의 심장이 뛰고 있다

나는 2.5배율 루페*를 끼고
코앞의 세상을 크게 확대하였다
그러면 먼지가 폭풍처럼 일어나고
거인의 손들이 나서서 수습을 한다
혼신을 다하여
피의 바다에서
가느다란 봉합사는 닻줄이 되어
생명을 견인한다
메스와 핀셋의 사투死鬪와 같은
누구나 자신의 역할이 있는 것

---

* 루페loupe : 수술실에서 사용하는 확대경.

누구도 대신해 주지 않는 전장戰場에는
팽팽한 긴장이 있는 것을 나는 안다

집도의 순간은
순교의 시간이다
누가 헛기침이라도 할 것인가
삶은 언제나 팽팽한 긴장의 연속이다
그러나
때론 너무 낯설다.

크리스마스 선물

신께서 아담을 빚었던
창세기부터
사랑으로 언제나 목말라 있던 세상

오늘 너의 명징한 영혼이 촛불을 밝히는 아침
희망을 실어 나르는
앰뷸런스가 달리고 항공기가 떴다

세계의 일점 일각에서
절망이 바닥을 치면서 희망이 떠올랐다

예수님 죽은 나사로를 부르시듯
하나 둘 셋…… 사자死者들이 걸어 나온다
너는 인류를 구원한 작은 예수라……

2002년 12월 24일
크리스마스 선물이라고
뇌사의 한 소녀

여섯 사람에게 새 생명을 준
무변한 사랑에 세간이 떠들썩하다.

폰 소페아

선교사 손을 잡고 엄마와 함께
한국으로 날아온 폰 소페아는
16개월의 어린이다

30여 년 전 한국의 아이들이
미국으로 캐나다로 갔듯이
심장병을 고치러 왔다

지금 이곳은 여름이다
그래도 한국은 추운 나라다 하며
엄마는 폐렴에 걸려 콜록거린다
정작 숨이 턱에 닿던 아이
수술이 끝나고 뛰어다니고 있다

캄보디아 아이에겐
한국은 지상의 천국일 것이다
이 아이 자라서 어른이 되어도
오랜 세월, 혹 평생을

코리안드림에 젖어 있을지도 모른다
우리가 오랫동안
아메리칸드림에 젖어 있었듯이

그러나 나는 참 부끄럽다
지금 이 나라는 온통
소돔의 관원이요 고모라의 백성이 아닌가.

진료실의 정물화

내실內室 비스듬한 탁자 위에
입 비뚤어진 물병 하나
유리컵에 반쯤 물이 차 있다
아직 수면이 출렁이는 걸 보면
방금 그녀가 마셨나 보다
항상 목마른 그녀

큰 접시에 담긴 사과 다섯
두 개는 미끄러져 탁자 아래로 뒹굴며
껍질을 벗고 싶어요 한다

과도果刀는 숨겨져 있다
그녀의 손도 숨겨져 있다
나는 그림 속으로 쑥 손 밀어 넣어
그녀의 손을 끄집어 냈다
간신히 칼도 끄집어 냈다
사과 한 알 끄집어 냈다

이제, 껍질을 벗길 시간이에요
그녀의 손이 은빛으로 떨리며
사과 껍질을 벗기고 있다
사과 껍질을 그림 속에 둘 수는 없지
나는 복면覆面을 하고 있다

갑자기 그녀의 맥박이 빨라졌다
심연深淵 크게 일렁이며
째깍 째깍 째깍
인공판막 소리 요란해진다
나는 돌연 그 가슴에 손을 밀어 넣었다
순간 칼이 탁자 아래로 떨어졌다
나는 황급히 복면을 벗어 던지고

그녀의 가슴에 있을 큰 상처가
뱀처럼 꼬여 들고
그녀의 심장이 삐져나와
딱, 딱, 탁자 아래로 떨어졌다

항상 피 묻은 나의 손
그 가슴을 감행하던 나의 손
허겁지겁
사과를 주워 탁자 위에 올린다.

성인병 친구

김 선생님
살다보면 찾아오는 놈들입니다
나쁜 놈들 헤아릴 수 없지만
처방은 하나입니다
모두 인정하고 사는 것입니다
결과를 묻지 마십시오
차라리 친구로 받아들이시기를……

미워할 필요가 없습니다
난들 별수 있나 생각해야 합니다
언제나 죽음을 준비하는 인생이잖습니까

질병은 가끔
스스로를 키우는 계기가 되기도 합니다
내가 소유한 모든 것이 얼마나 귀한 것인가를
알게 하니까요

지독한 장티푸스가 떠난 후

의사가 되기로 결심하는 아이도 있습니다

고지혈증, 고혈압 등등
온갖 성인병 더불어 살고 있는 당신
건강했던 청년의 날과
당신 여생과 아름다울 영혼의 각종 필목疋木
화학적 결합을 꿈꾸고 있습니다.

내 마음의 황사

내몽골 고원에서 발원한
저 모래폭풍
갈수록 거세다

보라, 바로 코앞에서
산이며 강이며 대교大橋가 사라진다
뛰어 내달아도 무섭게 따라와서

때로, 보이지 않는 절해絶海의 가슴으로
뜨거운 모래바람 휘몰아쳐 오면
꿈도 낭만도 황색으로 돌아섰다

목구멍이 칼칼해진다
두꺼운 내 허파 갈피 속에는
언제나 당신의 호흡이 거세게 끓고 있다

내 마음에 황사 내리는 날
온 세상이 회색이다.

응급실에서

1

새벽 일찍 일어나
배추 다발 잔뜩 안고 시장을 돌았다
전신에 푸성귀의 진한 땀 배이고
멍든 무처럼 지친 몸을 추슬러
안개 자욱한 새벽길을 달렸다
그때였다 숨통 팽팽히 불리고
고속으로 질주하던 철마와 정면 대결했다
강력한 전율의 순간
들숨 날숨의 숨바꼭질 잠시 하다가
생애의 천연색 태엽이 순식간에 풀리고
거품이 빠지기 시작했다
생명은 풍선처럼 터져
그 탄성으로 자꾸만 줄어들었다

2

구급차는 윙윙거리며 울었고
차단된 유리벽 저편에서

로마의 전투병처럼
나는 복면을 하고 칼을 갈았다

복면들 황급히 달려나와
일제히 격투를 한다
철마가 밟고 간 그의 목에
구멍을 내고, 튜브를 꽂았다
산소를 불어 넣으며
흰 소매에 사혈死血이 튀었다

3

그리하여 절명의 순간이 왔다
나는 마지막으로 그의 이름을 불러 주었다
그는 생애 동안 또 얼마나 누구의 이름을 불렀을까?
우리는 손을 잡고 하직 인사를 했다

응급실에서
죽음이 일종의 고통만은 아니었다

각자의 십자가를 지고
누구는 평강을 주는 죽음으로 가고
누구는 죽음을 이기는 고통을 선택한다

4

응급실에서
언제나 나의 칼날은 지극히 무디었다
다만 밤을 지새운 전투에 나는 항상 지쳐 있다.

제3부

몰운대沒雲臺에서

선생님 생각

논문 위에 붉은 사인펜으로
사정없이 가위표 하시던 K 교수님
갑자기 귀천歸天하시고
나는 목을 놓고 울었다
제자 노릇 옳게 한번 못 해 드렸으니……

이 무식한 놈 하시며
수술실에서 나를 쫓아 내시기도 하셨던
또 한 분 K 교수님
돌아서서 나의 어깨를 두드리시던
그 엄한 훈육과 사랑의 채찍이 사라진 후
나는 참으로 쉽게 살았다

평생 같이 공부하자 하시며
형님같이 부모같이 날 아끼시던
J 교수님 곁을 떠나
내 욕심대로 딴살림 내다보니
언제나 이 꼴로

평생을 아비 없는 자식같이
제멋대로 살았다
때로 허전하고 때로 슬펐다

이제 내 나이도 쉰이 넘어
그때 선생님들 자꾸 생각난다
돌이켜보면
이날까지
제자 노릇 전혀 못하고
선생 노릇도 전혀 못하고
그래도 나를 쳐다보는 후학들을 생각하며
오늘 참으로 부끄러운 나를 본다.

천상병의 시처럼

천상병의 시처럼
세상 소풍 끝내고 돌아간 사람
아무리 흔들어도 말이 없다

너의 유해를 안고
남은 무리들
내연산에 올랐다
폭포 위에 또 폭포를 거슬러
낮달을 타고
눈발 나부끼는 산정에 올라
휘청 휘청 걸어가며
너의 유해를 뿌렸다

문득 하늘 구름 위에
네 영혼이 웃었다
그래도 소풍 참 아름다웠다고?

하얗게 포말이 진다

보아라, 이렇게 끝나고 말 것을……
이 세상 어찌 미련이 없겠느냐
그래, 침묵이 아니고서야
우리 서로 할말 다 하지 못하리

낮술에 취하여
내연산 굽이굽이 가랑이 잡고
엎드려 하산하는 길
그래도 이 세상 소풍 진정 아름다운가?
길에게 묻는다.

몰운대沒雲臺에서

날을 세운 쾌속정 하나
바다를 둘로 가르며 끝없이 밀려옵니다
바다의 골격이 하얗게 무너집니다
영락공원 화장장 화로에 그대를 밀어 넣고 반 시간,
모래바람이 하얗게 하늘을 덮었습니다
우리 시대정신의 파편들은
짙은 향수의 입자처럼 사방에 흩어졌습니다
과일 껍질 벗기듯 비밀 속속 드러나는 계절에
사람들은 모두 수의를 걸치고 처절한 형장으로 갑니다
아버지도 삼촌도 친구도 조카도……
모두 하얀 이슬처럼 사라집니다
아, 일체를 자르는 칼날 같은 계절이 쓸쓸히 다가옵니다
시방 몰운대 수평 너머 아련히 멀어지는 해도海圖 위
나는 난파선 돛대에 올라
어머니 태를 끊던 흰 실과 중년의 색 낡은 코트 덮어 줄
흰 눈의 소식을 기다리고 있습니다.

용도야

용도야 이 놈아, 네 부인이
우리 집 혼사에 왔더라
너 없는데 어찌 왔느냐고 했더니
왜 사람 구실 못하게 하느냐고
참 섭섭해 하더라

용도야 이 놈아
무슨 첩보영화처럼 북한에 잠입하여
얼굴 없이 살다가
용케 돌아왔다고 그렇게 뽐내더니
네 무슨 제임스 본드나 된다고
또 어딜 설치고 다니느냐
누렇게 황달 들어 떠난 친구야

유년의 키 높이 장미 울타리 너머
석류 무시로 터지던 우리 동네
그래도, 네 얼굴엔 아직 남아 있더니

산제비 꽃신 적시며
가재 잡고 삘기 먹던 어린 시절이
네 눈 속에 살아 움직이더니
너 떠나고
이제, 고향엔 아무것도 남지 않았네.

삶은 전설이다
— 이송희 선생 유고 작 전시회에서

여름 저녁에
선생이 그림을 그리고 있다
그는 폐암을 갖고 있다

높은 산을 그리고, 나무를 심고
나목에 겨울새 앉히고
비스듬한 산자락에 벤치 하나를 놓았다
그리고 눈이 퍼붓는다
온 천지가 눈 속에 파묻힌다
벤치 위에는 남여, 눈사람 앉아 있다

아직도 여름이에요
왜 이런 그림을 그려요
좋은 그림이야
……
그래서 산다는 게 모두 전설이야
조용조용 이야기, 화폭에 가득하다

그림 속의 남자
홀연히 일어나 외투 깃을 세우고 걸어간다
또박 또박, 눈 위엔 발자국
벤치엔 한 여인만 남겨 두고 뒤돌아보지도 않고
산 넘어간다

계절이 바뀌고 이슥고 겨울이 왔다
선생은 지병을 버리고
자유를 찾아 훨훨 떠났다

거리엔 몇 년 만의 폭설이다
몇 억만 년 내린 폭설이라도 좋다
그림 속에 한 여인이 웅크리고 있다
그림 밖에도 한 여인이 웅크리고 있다
모두 눈사람들이다
삶은 드디어 전설이 되었다.

2198

14년을 나와 함께한
2198
어느 날 길거리에 퍼져 버렸다

긴급구조반 달려와
온갖 노력했지만 소용없어
견인해 갔다

2198, 견인차에 달려 갈 때
아내는 어루만지며 눈물을 흘렸다

참, 정情이란 묘한 것이다
나도 그만 눈물이 날 뻔했다

그 놈도 가기 싫어 자꾸 뒤돌아보았는데
그 놈 묻어 줄 수 있었다면……

어느 날

길에서 또 다른 2198을 발견하고
반가워 달려갔더니
2138이었다

지금도 2198, 눈에 선연하다.

제4부

그런 날이 있었다

나의 기도를 탓하지 마십시오

아 그 놈들이
낮은 포복으로 복막을 하얗게 덮고
곳곳에 물밀어 왔습니다

그 발걸음 너무 빨랐습니다
아버지, 대장에서 돋아난 놈이
살 거미 같은 병정들이
어느새 간장의 성을 뚫을 때까지
아무도 몰랐다니, 모두 제 탓입니다
이 못난 아들 탓입니다

지금 초여름 밤 병상에 흐느끼는
나의 기도를 탓하지 마십시오
아무것도 할 수 없기에
당신의 아름다운 영혼을 위해
오직 기도밖에 할 수 없기에……

그대들 보기에 참으로 무익한 짓이라 해도

형제여, 나의 기도를 탓하지 마십시오
길어도 불과 수개월입니다.

명절 끝자락

지난 추석 다음날
사라호보다 심한 태풍이 지나갔습니다
아버님, 1959년 사라호 기억 나시지요?
그 해 추석날 우리집 토담 와르르 무너졌지요
내 키가 무너지듯 얼마나 놀랐는지

그 사라호보다 더 무서운 태풍 매미로
아버님 산소 피해는 없는지
황망히 산에 올랐습니다

주위에 송림이 군데군데 넘어지고
황량한 바람이
떨어져 누운 나뭇가지마저
마구 흔들며
제 마음 황무한 들녘에 생채기 내며 지나갑니다

살아간다는 것이
이렇게 쓸쓸하고 힘들 때가 있습니다

아버님 산소에 오래 머물며
어떤 찐한 설움으로 울먹이며
이러지 말자, 새 다짐도 해보며
오늘 하루를 울적하게 보내야 했습니다
생애에서 가장 쓸쓸한 명절 끝자락입니다.

또 하나의 여름

간밤 꿈에 아버님 오셨습니다
젊고 건장하신 모습으로
모로 누우시며 잠을 청하시니
그 방문을 살며시 닫아드리며
저는 행복했습니다

형제자매들이
방방이 모여 소곤대고 있었습니다
참 아늑하고 넉넉한 한 폭 그림이었습니다

꿈을 깨고, 아쉬움에 또다시 잠으로 가서
다시 파묻히고 싶었지만
아름다운 그림은 이미 지워져 버리고
드디어 일어나
흐르는 눈물을 입술로 받아봅니다

아버님 벌써 여름이군요
지난 여름 이맘때……

생각하면 또다시 가슴 철렁 내려앉는
서글픔이 절망이
뼛속 깊이 아려오는 아픔이
이렇게 새롭습니다

아! 아버님
잠시라도 우리 해후할 수 없나요
이승과 저승이 이처럼 먼 곳입니까.

그런 날이 있었다

20세기의 중엽에
해골같이 낡은 버스를 타고
수백 리 비포장 길을
이리저리 흔들리며 가던 날

삐삐 소리 내는 라디오를 틀어 놓고
조잡한 어깨 문신 실룩거리던
운전수 털보 아저씨와
오라이, 스톱 외치는 차장 아가씨와

중학교 합격자 발표를 듣고
내 번호가 나왔을 때
활짝 웃으며 꼭 껴안아 주시던
젊은 아버지와
고 놈, 참! 하시던 우리 할아버지 계시던

전설 같은
나에게는 정녕 천국이었던
그런 날이 있었다.

새벽 산에 올라

아직도 여명일 때
큰 바위 선잠 깨우며
아버지 계신 산에 올랐다

새소리 바람 소리
문득 뒤뜰 댓잎 흔들리듯
아버지 한복 적삼 소매 훔치는 소리
소리 내어 울고 있는 계곡을 따라
키 큰 나무 허리 적시며
산울림의 물결 지극히 나아가는 가운데

안개 자욱한 산정에서
산의 정기 쩡 하고 열리며
야야!
젊은 아버지의
그 낭랑한 목소리

좀스런 일 다 잊으라 하신다

나더러 웬만큼 다 버리라 하신다

나는 다람쥐처럼
오늘도 아버지 무덤 위에 껑충 뛰어올라
아버지 손을 잡고 오솔길 가던
하, 그리운 어린 날을 생각한다.

장인 · 1

현충일 사이렌이 울고 있다
병상에 누운 장인어른
생각이 난다

일제 강점기
대판서 학교 다니며
독립 운동하다 잡혀
감옥살이했다
그 재판기록에
순 악질분자라고
각목으로 두들겨 맞고
온갖 고문당했다

그러나 60이 넘도록
우리는 몰랐다
환갑 지나 63세에 누가
그 재판문서 발견하여
일약 애국지사가 되었다

지금은 생존한 독립유공자로
병상에 누운 지 5년
말도 못하고 혈액투석으로 연명하신다
장모어른 헌신적 간호로
그래도 체면 유지하고 있다

장인어른 모시고
횟집에 가서
그 좋아하시던 생선회
실컷 대접하고 싶다.

장인 · 2

2007년 3월 8일
애국지사 신수명 선생 별세
온갖 신문에 보도되었다

일제 강점기
누구도 지켜주지 않던 시절
조국 독립 운동하였고

해방된 지 50년 넘어
가족들이 지켜보는 가운데
영혼의 독립 운동을 하셨다

병상에 누우신 지 7년
당뇨합병증에 만성 신부전증
혈액투석 고난 중에도
언제나 미소 잃지 않으셨다

그동안

오히려 우리들이 세상살이를 앓았다
장인어른은 병상에서
우리 손을 꼭 잡고 항상 격려하셨다
세상사 별거 아니라고
언제나 희망을 놓지 말라고.

장인 · 3

평소 고함 소리가 컸다
가족들이 놀라 숨기도 했지만
그 고함 속에 사랑이 있었다

장인어른의 고함 소리
모두 싫어했지만
한 아이 그 소리에 놀라
멀리 미국까지 달아났지만
결국 그 소리 그리워 귀국했다
정작 그 고함 소리 잦아들자
모두들 지난날을 그리워한다

슬하 1남 7녀는 고함 소리의 산물이다
우레 같은 고함 소리에
아이들이 태어나고
그 소리에 놀라 키가 자랐다
고함 소리에 놀라
아침 일찍 일어나 부지런히 움직였다

그냥 산다는 것은 쉬울지 몰라도
장인어른처럼
참으로 산다는 것은 어렵다
장인어른의 고함 소리 그립다.

장인 · 4

생선회를 좋아하셨다
어느 정월 초하룻날
장인어른 모시고 청사포에 갔다
팔딱팔딱 뛰는 다금바리 회를 쳐
한상 가득 차려 놓고
드시라고 했더니
장인어른 눈물이 글썽
너무 너무 잘 드셨다
병상에 누우신 지 수년이라
바닷가 생선회가 그리웠다고……

노인의 그리움은
나의 아픔이었다
나는 돌아앉아 눈물을 찍었다

이후, 수시로 회를 떠
병실로 배달했다
어느 날 그것조차 드실 수 없을 때

나는 생선회가 싫어졌다
먹으면 자꾸 배탈이 났다.

제5부

당신의 가슴에 청진기를

사과

여보게, 데이비드
그 해 가을 미국 피쳐버그 시티
철강 문명의 찌꺼기 곳곳에 누워 있는
참 쓸쓸한 회색의 도시였어
자네 고향은 버지니아, 내 고향은 부산 코리아

시월 어느 휴일날
마고번 교수님 그 사과밭, 참 넓었지
그 식구들 잘 돌보지 않는 사과들 지천으로 그냥
떨어져, 온갖 짐승들 파먹다 버리고 갔네
그래 볼때기 터진 사과 알이 자꾸 밟혔지
나도 짐승처럼, 빨간 사과 한 알
한입 벌려 크게 깨물었네
사과본색 그 향기로움 입 안 가득 넘치길 기다렸지
여보게, 데이비드
그런데 그게 아니었잖아
딱딱하고 너무 떫었어

그 사과 맛처럼 별볼일없는 나라
타국이란 본래 그런가 보지
사과나무 잘 돌보지 않는 사람들도 싫었어
여보게, 데이비드
우리나라 사과는 그렇지 않네
내 고향 부산서 경부선 타고
경산이나 청도 쯤 내려, 사과밭에 가보세
별로 넓지 않은 땅 서로 나눠
사이좋게 서 있는 사과나무들 보게
흰 수건의 여인네들
사과 알 하나하나 소중히 닦고 또 닦고
혹시 비바람에 질까봐 진종일 돌보지

대개 때깔이 좋으면 내용도 좋아
검붉은 빛깔 도는 청도능금 하나
크기는 자네 주먹만하지
얇은 과일칼 부리며 살살 옷 벗겨보게
그 향기 금방 사방에 가득하고

샤넬 향기에 절어 있는 자네의 그 코털 말인데
제대로 된 향기에 한번 적셔보게
그리고 한입 깨물어보렴
새콤달콤한 과즙, 입 안에 듬뿍 고이며 절로 녹는
그 지순至純의 속살!
데이비드, 자넨 비로소 알게 될 걸세
모든 게 진미眞味가 따로 있는 거야

사과 맛이 이렇게 다르다는 걸
자네가 꼭 알아 주길 바라네
그리고 또
자네는 재미교포 2세, 미국이 참 좋다지만
알고 보면 우리나라가 훨씬 좋은 거야.

오륙도에서

파도가 파도를 덮친다
할퀴며 부서지는 오랜 세월에
무엇이 지금껏 살아 숨쉬는가

송곳섬 깎아지른 바위틈에
풍란風蘭 한 촉을 보았다

방패섬 이마를 때리는 해풍
무릎 다친 바람이 일제히 쓰러진다

바다새의 휘파람 소리
아, 바다의 요요한 진군 나팔 소리
저 억만 년의 죽음
그리고 부활
무릎 다친 바람은 다시 일어난다

울창한 해송海松이 일제히 눕는다
낮은 자세 포복으로 바싹 엎드린 숲

아직도 나는 살아남았기에

시방, 두 발에 저려 오는 아픔이 새롭다.

2월 단상

29, 30, 31
꽁지가 잘려 나간
달에

홍매화의 꿈
얼음장 아래 움츠려 있고
봄은 아직 멀었는데

돌아보니
겨우내 앓던
내 사랑은
이미
저 멀리
가고 없었다.

4월에

그대 생각에
그대 생각에

바람이 들어
자꾸 바람이 들어

미쳐 날뛰는 4월

고개를 드니
꽃비가 하얗게 내리고 있네.

길 잃은 새

한여름 거실에
멧새 한 마리 날아들었다
퍼드덕 천정으로 날아오르던 새
전등을 들이받고, 뽀얀 먼지를 마시더니
방향감각을 잃고
오히려 내실 깊이 숨어들었다
나는 일순간 망연자실
잃어 버린 공간을 여행하고 있었다
허우적거리는 허망虛妄의 세월 따라……
거긴 네가 쉴 곳이 아니야
태양의 화살이 따갑게 얼굴을 때리는 시간
사람들은 어디선가
매서운 험담으로 헐뜯고 있었다

날지도 못하는 주제에
이 놈 어디 갔지, 그들이 웅성거린다
허리를 낮추고 잠복하며 호시탐탐
재기再起를 꿈꾸며 사는 거야

이룰 수 없는 꿈은 아니겠지
날지도 못하는 주제에, 새야
어둠 속에서 팽팽히
화려했던 지난날 비상일지飛上日誌 들추면 뭘 해
사리 판단을 해야 한다
새는 온 세상으로 화살을 쏘아 댄다
이윽고, 화살은 모조리 그 가슴에 꽂힌다.

상송

청년기에
고독의 사치한 의복 걸치고
그 짐짓 쓸쓸함 속에 묻혀 살았네
공원 빈 벤치에서
종이비행기 접어 날리고
포물선 그리며 그 비행기 떨어질 때
항시, 너의 이름으로 아팠던 감각세포들
나의 고독*으로
한껏 흔들리는 미토콘드리아였네

이슥고 관절에는 쓰린 바람
이명이 울고 편두통이 오고
맷돌이 무너져 기둥이 흔들리네
깜짝 깜짝 놀라
작은 새소리, 옅은 잠에서 깨어나며
금실과 은실이 터져

* '나의 고독' : 조르주 무스타키가 부른 상송.

항아리마저 깨어지는 밤에
이제 진실로
"난 결코 외롭지 않아, 고독이 함께 있으니!"
나직하게 읊조리는 목소리
조르주 무스타키의 샹송을 듣고 있네.

문학관의 여인

문학관에 들어서면
오랜 기다림으로 낡은 잔에
커피를 따라 주는 여인이 있다

주인 없는 집 바람 지나가듯
슬쩍 삽짝을 밀고
열무 꽃 지천으로 핀 마당을 지나
툇마루에 잠깐, 헛간 싸리 지붕 위에
나는 잠깐 머물고 싶은데
여인이 묵묵히 나를 따른다

청廳에서 파견 나와
죽은 시인의 생애를 지키는 여인
살짝 바람만 불어도
반갑다고 감사하다고
빙그레 웃는 여인

— 어찌 옛일이라 쉽게 잊으리

그리운 이는 오늘도 그립고
사랑은 세월로 바래지지 않는 것—

종일 김달진의 시에 파묻힌 여인
40 초반에
글쎄 무슨 사연 있는가?
어딘가 조금은 슬퍼 보이는 여인.

옛날 자장면

진해 넘어가는 고갯길에서
옛날 자장면 먹어본다
그러니까 옛일 그리워……

밀가루 반죽 한 덩이
싹싹 문질러
주방장 두 팔 쫙쫙 벌려 면을 돌리면
자꾸 가늘어지는 면발
공중에서 뱅뱅 꼬이며
손 자장면 된다

맛은 역시 손맛이라고
굵기도 하고 울퉁불퉁
주방장 땀 섞인 자장면
주방장 침도 섞인 자장면
역시 그 맛이라고
고개를 끄덕이는 아내의 손
가만히 잡아본다
그러니 옛일 더욱 그리워……

어머니

전주 이씨
유림 학자 월헌月軒 선생 외동딸
평생을 한복에 비녀 머리

열여섯에 시집 와
스무 살에 날 낳으셨다
4남 3녀 기르시고
일흔다섯에 지아비를 보내고 우셨다

이제 거동 불편하여
병상에 누우신 어머니
나를 안고 우셨다
나도 엄마 가슴에 파묻혀
어린애처럼 울었다

어느 날
둥둥둥 내 가슴에 북소리……
꿈이었나

그 예쁜 아미蛾眉 하고
울 어머니 걸어오시는 모습.

딸에게

아가야, 너의 몸짓은
세상에서 가장 아름다운 율동이었다
너의 울음소리, 웃음소리는
천상의 울림이었다

아가야, 아침마다 나는
네 가슴에서 울리는
심장의 청명한 박동 소리 들으며
자리에서 일어났다

아가야 너는
가장 순수했던 나의 날에
신께서 빌려 주신 큰 축복이었다
이제 너를 보내야 하는 시간

너는 어느덧
눈부시게 아름다운
시월의 신부가 되었구나

그러나 너는 언제나 나의 아가
나의 심장은
진한 아쉬움으로 터질 것 같다

아가야
웨딩드레스 입은 나의 딸아
너도 알게 되리라
사랑이란 이렇게 가슴 가득 달아올라
아무리 주어도 남아 있는 것
끊임없이 주고 싶은 마음이란 것을.

아들아 너는

작은 불은 언제나
작은 바람에도 쉽게 꺼진다
그러나 큰 불은
바람이 불어오면 더욱 커진다

작은 열매는 쉽게 영근다
그러나 큰 열매는
모진 바람과 작열하는 태양의 시련을 거쳐
내연內燃으로 다지고 다져
드디어 가을날 크게 영근다
큰 열매 탐스럽게 열린 날
온 세상이 그를 기뻐하리라

아들아 너는
자신에게 저항하는 것까지
자기의 재료로 하는 사람이 되어라.

평화

어느 날 우리집에
인자하신 장모님
마누라
그리고
나의 딸과
갓 태어난 외손녀
한자리에 모였다
모계 4대!

모두 성이 다르지만
하루 종일 있어도
웃음꽃 만발
질서 정연하다

모계시대라면 좋겠다
요즘 세상과는 다르리라
보라, 시방 이 나라 곳곳
소돔의 관원과 고모라의 백성을.

당신의 가슴에 청진기를

당신의 가슴에 청진기 대면
심장의 박동 소리만 들리는 게 아닙니다

따스한 햇살 아래
봉숭아 꽃술 터지는 우리 사랑의 터치
이마를 적시는 한여름의 빗물 소리
당신이 내뿜는 찬연한 원시의 호흡
아침 풀숲에 이슬 구르는 소리
깔깔거리는 우리 아이들 웃음소리도 들립니다

당신의 가슴에 청진기 대고
때로는
기다림에 지친 내 욕망의 파열음을
밤을 지새운 새벽달의 피울음 소리를
세상 마지막 인사를 들었습니다

나에게 주어진 생이
때로는 모질게 힘들었다 해도

당신으로 하여 나는 정녕 행복합니다

그때나 지금이나 내일이나
나는 언제나 청진기를 들이댑니다
오늘도 당신의 가슴으로 갑니다.

명화名畵의 늪 · 1

르노와르가 붓을 들면
여인은 옷을 벗는다

해변에서
욕실에서
옷을 훌훌 벗고

쓰다듬어보고 싶은 그 등을
파고들고 싶은 그 가슴으로
욕녀*로 태어난다

관능의 춤을 추며
한낮의 태양처럼 이글거리는
만개한 꽃으로
가슴을 드러낸다

---

* '욕녀' : 르노와르의 작품.

나의 펄럭이던 심장이
화폭으로 뛰어들어
이읏고, 그의 가슴에 파묻힌다.

명화名畫의 늪 · 2

후기인상파 화가에게
산을 그토록 사랑한 것은
한때의 열정이냐고 물었다
그는 말했다
아니, 사시사철 변화하는 생트빅투아르산*!

붓을 든 세잔의 이마에 송골송골 땀이 맺히고
지중해 해변이 햇볕에 검게 타고 있었다
그가 산을 그리는 동안
로댕의 청동처럼 턱을 고이고 나는 생각했다

그는 왜 생애 동안
오직 같은 산에 집착했던가를
나에게도 묻는다
그러면 난 또 얼마나 오랫동안
너에게 인박혀 살았던가를……

---

* '생트빅투아르산' : 세잔의 작품.

산은 너와 같이
너는 산과 같이
결코 모든 것을 내어 주지 않았다.

명화名畵의 늪 · 3

아를의 침실*에서
귀를 자르고
싸맨 붕대에 선혈이 낭자한
고흐의 고함 소리가 들리는 듯
나는 내 귀를 의심했다

나도 세잔처럼
두 귀를 막고
아를의 다리**를 건너
혼비백산 달아나고 싶을 때가 있다

누군가 나의 머리에
붕대를 풀고
귀를 오려 붙인다
그래서

* '아를의 침실' : 고흐의 작품.
** '아를의 다리' : 고흐의 작품.

나의 귀는 붙어 있기도 하고
떨어져 피 흘리기도 한다

나도 고흐처럼
귀를 자르고 싶을 때가 있다
나도 세잔처럼
너를 떠나고 싶을 때가 있다
모든 가청可聽을 거부하고
피 흘리며 포효하고 싶은 순간이 있다.

제6부

남은 날을 위하여

하구언에서

낙동강 하구언 을숙도에
청둥오리 떼 날아듭니다
얼어붙은 강 위로 미끄럼을 타며
하나 둘 배낭을 풀기 시작합니다

작은 새는 배낭 속에
송곳을 품고 옵니다
한겨울 칼바람이 뺨을 때리면
얼음을 깨며 살아야 합니다

나의 작은 배낭 속에도
작은 것만 있는 것이 아닙니다
하얗게 얼어붙은 날 종일을
당신을 기다리는 사랑이
내 가슴을 찌르고 있습니다.

불면증

지독한 놈이다

아내가 불면인 채
청소하고 빨랫감 정리하며
더러 모로 누워 뒤척이고 있을 때
나는 불면이 아니었고

내가 불면인 채
긴 밤을 하얗게 밝히며 있을 때
아내는 옆에서 코를 골면서
숙면熟眠하였다

대신 앓아 줄 수도 없고
같이 앓아 주지도 못하는 병

결국 나로서는 어쩔 수 없어
이 지독한 놈 친구 삼아
인생을 새로이 다듬어야 한다.

불청객

50 고개를 넘었더니
고혈압, 고지혈증, 우울증이 마중왔다
그리고 불면증도 다가왔다
모두 불청객이다
놈들은 저마다 양식을 달라고 야단이다
자기 전에는 수면제
나이 든 놈은 아스피린도 달란다
온갖 양식 구분해 수용하다 보니
수시로 배탈이 난다
오줌색이 달라진다
노랑, 황갈, 화색 때로는 핏빛이다
하얗게 질려 피똥을 싸기도 한다
요란을 떨며 설쳐대니 통 잠을 잘 수가 없는데
또 어떤 놈이 노크를 해댄다
참 버릇없는 놈들
지난 겨울 그 놈은 하도 기침을 해대니
일찌감치 뇌물도 먹였지만 소용없었다
그래 차라리 날 잡아먹어라 이 놈들아

모두가 힘든 세상이다
이 놈아 내 펀드가 깡통 될 판이다
미운 정도 정이라는데 그래 우리 좀 봐 주면 안 되나?
곰곰 생각해 보니
그래도 지난해 잘라낸 용종은 참 괜찮은 놈이었다
악성인 줄 알았는데 착한 놈이었다
그래 순순히 하직했지
더러 좋은 놈도 있어 제풀에 꺾여 달아나기도 하고
더 나쁜 놈을 밀어 내기도 한다
그래 사이좋게 놀아라
갈수록 양식이 늘어나는구나
하루 세 끼 밥도 먹는데 그게 뭐 대수겠니
주인이 떠나면 개도 떠나야 한다
그때까지 같이 잘 지내보자.

주왕산의 운무

야생화 흐드러진 들녘을 지나

물푸레나무 고개 숙인
주왕산 자락을 밟고

기암奇巖에 기대인 운무雲霧여

문득 우리가 만나, 못내 나눈
애증愛憎의 마디마디 슬픈 그림자

문득 천상의 아침이슬 어우러져
생애에 잠깐 피워 올린 아름다운 꿈인가

쓰라린 가슴 풀어 헤치고
이제는 정녕 어느 곳으로 가야 하는가.

가을에는

가을엔
문득 떠나고 싶습니다
색 낡은 재킷
헐렁한 바지 하나 걸치고
빈 들에 부는
한 줄기 바람처럼
홀연히 떠나고 싶습니다

가을엔
다 용서하겠습니다
진홍보다 붉은 나의 죄
당신이 나를 용서했듯이
그토록 가슴 아파했던
세상 모든 배반을
다 용서하겠습니다

가을엔
기도하겠습니다

태초부터 있던 생명의 말씀에
가만히 귀기울이며
진정한 사랑 하나 붙들고
미련 없이 갈 수 있기를
눈감고 빌겠습니다.

임프란트

팅팅 부은 하마는
입을 크게 벌리고
치과의사 선생이
막대기로 위아래를 고정시켜 놓고
불도저를 투입하여
붕붕거리며 갈아엎었다

썩은 기둥 빠져나간 공터에
수차례 해일이 퍼붓고
갑자기 무지막지한 쇠기둥이 틀어 박혔다

아찔한 현기증의 순간
나는 절벽을 타고 미끄러져
허우적거리며 그를 수용했다

먹고 산다는 것은
이렇게 힘든 것이다.

어느 날의 다짐

맷돌이 낡았으니
곡식을 갈 수가 없습니다

기둥이 흔들흔들
천정도 덮지 못한 채
집채가 통째로 흔들립니다

대못 빠진 대문이 삐걱거리고
바람이 쌩쌩 뻥 뚫린 벽을 파고듭니다
세상 보기 부끄러워 입 꼭 다물고
휑하게 뚫린 가슴으로 다짐합니다

그래도
다시 꼭 일어서리라고.

은행나무 아래서

바람에 문득 잠 깨었습니다
어딘가 당신의 목소리 실려 오는 것 같아
길게 목을 빼고 당신을 찾아봅니다
그동안 일정 방향 없이 은행잎
지천으로 떨어지고 있습니다
지나가던 여인의 얼굴이 붉게 상기됩니다
어느덧 가을이 깊었나 봅니다
이렇게 가을 깊어지면
오랫동안 길 위에 홀로 서 있는 사람들이 있습니다
안으로 문을 잠근 골방에서 무릎 꿇고
지난 허물을 모두 내려놓은 채
하루 종일 기도하는 사람들이 있습니다
당신께 나의 기도는 도달할 리 없건만
당신이 가만히 나의 고독 속으로 파고들어 오듯
누군가를 애타게 기다리는 시간입니다
마지막 수액조차 남김없이 말리기를 주저 않으며
감출 길 없는 조락의 언덕에 우뚝 서서
노랑 물감 마구 찍어내며 가을 눈물 흘립니다

나는 은행나무에게
오솔길 노랗게 덮어 달라고 부탁합니다
혹 당신의 발 그림자 하나라도 지나가는 자리에
어떤 생채기 남지 않기를 소망하는 나의 심상心象이
노란 물감 뚝뚝 떨어지는 은행나무 잎에 파묻힙니다.

시월의 편지

수시로 당신에게 편지를 씁니다
지금 한창 단풍 단장하느라 바쁘지만
당신의 어디쯤에 잠시 멈추어 서서
이 가을의 호흡을 같이할 것입니다

그때 나의 엽신葉身이 낙엽처럼 뒹굴어
주위에 스산한 바람을 타고
혹 당신께 닿을지도 모른다는
부질없는 희망을 가져봅니다

나의 긴 편지 속에서 목을 빼고 우는
바람 부는 갈대숲을 지나 시월의 강은
예나 지금이나 한가지로 흐르고 있습니다

오늘도 낙엽송 한 그루 졸고 있는
희미한 달빛 비치는 강가에 서서
우리들 젊은 날을 회상합니다

너무나 소중했던 당신이었기에
당신이 없는 무대 위에
차라리 그림자 하나로 남겠습니다

다만 아직도 나 이렇게 서성이고 있는 것은
내 생이 아직도 끝나지 않았고
추억이 아직도 살아 있기 때문입니다

사랑은 끊임없이 드리는 나의 선물이지만
아직도 드려야 할 선물이 있기 때문입니다
그러나 언제인가 아무것도 기억할 수 없는 날
그런 날이 반드시 오리라는 생각에
불현듯 가슴이 저려옵니다

때론 온 세상이 깜깜한 밤인 듯합니다
아 설령 당신이 도무지 나를 모른다 해도
아직도 사랑으로 기다리고 있습니다.

후회

당신께서 처음 내게 왔을 때
바리세인 시몬*처럼
나는 당신께 발 씻을 물을 드리지 못했습니다
당신께 입맞춤할 엄두도 못 내었고
그 흔한 감람유도 당신의 머리에 붓지 못했습니다

그러나 당신께서
이 가을 붉게 타는 낙엽의 바다를 건너
보이지 않는 바람의 손을 잡고
나에게 다시 오신다면
나는 당신의 발을 고이 씻어드리겠습니다
당신께 하고 싶은 입맞춤으로 얼굴을 붉히며
밤새 당신의 잠든 머리맡에 앉아
옥합을 깨뜨려 나의 가장 비싼 향유마저
당신의 머리에 붓고 또 붓고

---

* 바리세인 시몬 : 성경의 인물(예수를 초대했으나 환대하지 않았다).

이윽고 당신이 늦잠에서 깨어나면
노을 짙은 나의 창문을 열겠습니다
당신의 눈 그윽히 닿는 곳에
하늘거리는 코스모스 지천으로 풀어 놓고
가을 깊은 잔치를 배설할 것입니다.

말씀

당신께서 말씀하십시오
그러면 듣겠습니다

눈이 있어도 보지 못하고
귀가 있어도 듣지 아니하던
지난날을 용서하십시오

제 가슴에 떨어진 씨앗 하나를
공중의 새들이 쪼아먹지 않도록
정성껏 품고 있겠습니다

쉴 만한 물가와 늘 푸른 초장에서
손짓하며 날 부르던 당신을
외면했던 지난날 참 부끄럽습니다
나 이제 돌아와
당신의 말씀으로 달려갑니다

아무리 황무한 땅이라 해도
사랑하는 당신께서 외면하지 마십시오.

남은 날을 위하여

태평양 하늘에 유유히 떠 있습니다
조금 전 케네디 공항을 이륙한 KE 017이
지금은 날짜변경선을 훌쩍 넘어
하루를 얻더니 하루를 잃고 있습니다

벨트로 꽁꽁 묶인 엄청난 구속에도
사람들은 아무 불평이 없습니다
보급품 마시고 먹고 졸고 있을 뿐
어떤 일 염려치 않습니다

한 점 비행물체는
양 날개를 길게 펼치고 곡예를 하더니
철렁 수백 미터나 하강했습니다
순간 화물들이 흔들리고
엔진의 호흡이 가파릅니다
이러다 날개 하나라도 잃게 된다면……
온갖 상념이 지나갑니다

그러나 잠시 후 궤도를 회복한 비행기
아무 일 없었던 듯 유유히 떠 있습니다
시작도 끝도 없는 무한창공입니다

우리네 삶에도
비행의 위기 언제나 도사리고 있습니다
그러니 누가 알겠습니까
시간은 차마 기다릴 줄 모릅니다

사랑하는 아들, 딸의 얼굴이 클로즈업합니다
너무 애쓰지 말고, 그저 최선을 다하라고
조용히 당부합니다
아직도 따뜻한 호흡으로 남아 있을 때
서로 보듬고 아끼고 보살펴야 할 것입니다
참 아름다울 우리들 생의 남은 날을 위하여.

늦은 시월의 저녁에

늦은 시월의 저녁이
조용히 단풍의 바다를 건너갑니다

지난 허물 모두 내려놓고
빈 마음으로 갑니다

산모롱이를 돌다
눈물 한 방울 떨어집니다

그래도
당신께선 나에게 희망을 주십시오

그러면 나는
오늘도 내일도 또 내일도
내 기다림의 누거樓車를
결코 떠나지 않을 것입니다.

단아하게 정제된 내면적 통찰

김 신 영

(시인 · 홍익대 외래교수)

『미네르바』를 통해 등단한 조광현 시인의 시를 접하면서 의사로서의 삶과 시인으로서의 삶을 감각한다. 루페를 끼고 환자의 흉부를 절개하면서 삶과 죽음 사이를 오가는 순간을 맞이하며 인생에 대한 깊이 있는 사고와 의미를 반추하는 것이다. 조광현 시인은 부산 백병원의 흉부외과에서 사람의 생명을 쥐고 있는 의사이며, 정신의 호흡을 가다듬고 있는 시인이기도 한 것이다.

첫 시집을 상재하는 조광현의 시는 그러한 그의 생활 속의 모습과 고뇌가 잘 드러나 있다. 시의 소재가 생활과 동떨어져 있는 것이 아니라 시인의 주변에 있는 것이다. 생활 속에서 소재를 찾은 시들의 맥은 힘이 있으며 자신이 넘친다고 하겠다. 조광현의 시에서도 자신의 어린 시절과, 대학 시절을 거쳐 현재 자신이 보고 들은 모습을 시로 조명하고 있는 것이다. 또한 하나님과 조우하는 모습이 종종 나타난다. 신앙을 바탕으로 한 시에서는 신앙인으로서 진실하지 못한 자신을 고백하는 시가 등장하고 있다.

그리고 조광현 시인의 시는 수다스럽지 않고 어휘들이 단아한 편이라 하겠다. 칼릴 지브란은 시는 영혼의 비밀인데, 왜 어휘들을 가지고 수다스럽게 소모시켜 버리는가라고 하면서 수다스러운 시를 비판하였다. 요즈음의 시는 시어의 수사가 현란하며 수다스러운 시들이 많은데 현란한 단어의 나열에 비해서 중심에 담긴 의미는 가벼운 것들이 특징이라 하겠다. 그러나 조광현의 시는 단아하고 정제된 시어로 표현되어 있으며 깊은 삶의 내면적인 통찰의 의미들을 다루고 있다. 언어의 조탁과 세련을 거치면서 조광현은 시의 운율적 압축미를 형성하고 있음이다. 조광현 시인을 외형적으로 만난 적은 없으나 시에 표현된 내면의 고백을 듣노라니 시인의 심성과 생활상과 깊이 있는 삶의 모습이 가득히 전해져 온다.

우리 청년의 사계절
학업을 전폐하고
반대, 반대, 반대 외치며……
나는 왠지 서러웠다

반대, 반대, 반대
목 터져라 외쳤지만
나는 왠지 자신이 없었다
하나도 되는 일이 없었다

나의 청년 실의하여 잠들던 밤에
대한大寒 추위 감기 앓던 초승달이
하숙방 봉창에 얼어붙었다.

—「대학 시절」 부분

대학 시절의 단상이 드러나 있는 이 시는 데모하고 최루탄을 마시며 대학촌과 캠퍼스를 섭렵하던 모습이 나타난다. 조광현 시인은 "질보다 양"을 외치며 누구나 그랬을 가난과 소외와 고독, 그리고 폐쇄와 속박을 견디어 내고 있다. 지금에 와서 돌이켜보니 '하찮은 이야기' 들이 그때는 비분강개를 안주로 삼아 열변을 토로했었던 것이었을 것이다. 감수성이 예민하여 무엇이든 할 수 있는 힘과 사상을 당대의 불의에 조준하여 항거하는 모습은 민주주의를 향한 젊은 열정을 느끼게 한다. 그러면서 한편 세상을 향해 일제히 '방뇨' 를 하는 것은 세상에 대한 조롱과 야유이며 분노와 슬픔이다. 아무리 젊다 해도 불가능한 벽을 한없이 느끼던 청춘이 고스란히 표현되어 있다. 그때는 모두 학업을 전폐하고 반대에 반대를 외치며 거리에 나서서 자신의 위치와 삶과 청춘에 분명하지 못한 슬픔을 바쳤던 것이다. 그것은 어렴풋하게도 미래에 대한 불안으로 인한 슬픔이었다. 불도저와 같은 청춘의 힘으로 무엇이든 도전하지만 잘 되지 않는 현실에 그만 절망하여 슬픔의 눈물을 흘렸을 실의의 나날이 비추어진다. 그날들은 예나 지금이나 동토의 땅이다. 너무나 추워서 견딜 수가 없는 것이다. 그리하여 '하숙방 봉창' 에 초승달이 얼어붙어 버린다. 소외와 고독, 폐쇄와 속박의 시간은 그렇게 지나갔다.

의사로서 나름대로 성공한 조광현 시인은 젊은 시절과는 달리 환자들에 대한 불안과 의사생활에 대한 단상들을 표현하기도 하였다. 흉부를 절개하고 집도를 시작하면 피가 넘치는 사람의 육신을 발견한다. 그것은 의사이며 시인인 그에게는 도피하고픈 시간인지도 모르겠다. 그리하여 거인의 손으로 확대된 신적인 손으로 "혼신을 다하여" 치료를 시작하는 것이다. 봉합사는 닻줄이 되고 메스와 핀셋도 생명을 견인하는 일을 수행한다.

나는 흉부외과 30년짜리 의사
그렇다고 익숙한 것만은 아니다
때론 너무 낯선 생의 행간에서
나의 심장이 뛰고 있다

나는 2.5배율 루페를 끼고
코앞의 세상을 크게 확대하였다
그러면 먼지가 폭풍처럼 일어나고
거인의 손들이 나서서 수습을 한다
혼신을 다하여
피의 바다에서
가느다란 봉합사는 닻줄이 되어
생명을 견인한다

메스와 핀셋의 사투死闘와 같은
누구나 자신의 역할이 있는 것
누구도 대신해 주지 않는 전장戰場에는
팽팽한 긴장이 있는 것을 나는 안다

집도의 순간은
순교의 시간이다
누가 헛기침이라도 할 것인가
삶은 언제나 팽팽한 긴장의 연속이다
그러나
때론 너무 낯설다.

—「때론 너무 낯설다」 전문

생명을 다루는 일은 신성하다고 할 것이다. 그러기에 우리 사회에서 의사는 신처럼 여겨지기도 한다. 신이 직접 다가와서 치료를 못하니 의사들을 선물로 인간에게 주신 것은 아닐는지. 치료를 하는 손은 정해진 자신의 역할에 최선을 다하는 전쟁의 병사들처럼 그 팽팽한 긴장 속에서 한순간도 결코 안심을 할 수 없다. 그러므로 집도의 시간을 "순교의 시간" 이라고 고백한다. 그 시간이 때론 너무 낯선 시간으로 다가오고 있는 것이다. 전혀 다른 공간에 존재하였던 것처럼 낯선 공간은 늘 두려움과 환호가 교차하는 시간이다. 막중한 책임으로 말미암아 겪는 과중한 심적 중압감이 느껴진다. 의사인 자신은 온데간데없고 환자의 호흡만이 극대화되어 삶과 죽음의 경계를 이어주는 그 침묵은 '순교' 라 할 수 있는 것이다. 자신의 존재보다 자신이 믿는 종교의 신념을 위해 목숨을 아낌

없이 내어 주듯이 집도의 시간은 자신은 전혀 돌보지 않고 환자를 위해 혼신의 힘을 다하는 신적인 헌신의 시간이다.

진료실의 벽에 걸려 있는 정물화는 흔히 환자의 정신적 안정을 위해 걸려 있는 경우가 많다. 환자들은 정물화를 보면서 편안함과 안정감을 갖는다. 우울증을 치료하고 희망을 갖게 하며 안온하고 행복한 삶을 추구하게 하는 것이 정물화가 주는 효과일 것이다. 이에 병실이나 거실 등에 정물화가 많이 걸려 있다. 진료실에 있는 정물화는 그러한 효과를 다하고 있으나 이번에는 그렇지 않다. 이 환자는 항상 "목마"르고, "껍질을 벗고 싶어" 하기 때문이다. 정물화에 있는 물로 목을 축이고, 사과를 보며 껍질을 벗기려 과도를 숨긴다. 이 환자를 위해 의사는 마스크를 하고 빨라진 맥박을 체크하면서 인공판막 소리를 듣는다. 환자의 가슴에 있는 상처로 그녀의 중요한 부위를 만지나 이미 피 묻어 버린 손은 "허겁지겁" 떨어진 사과를 줍는다. 그녀를 향한 연민과 안타까움이 표현된 이 시에서 사과를 줍는 그의 행동으로 정물화는 다시 본래의 모습을 찾는다.

> 갑자기 그녀의 맥박이 빨라졌다
> 심연深淵 크게 일렁이며
> 째깍 째깍 째깍
> 인공판막 소리 요란해진다
> 나는 돌연 그 가슴에 손을 밀어 넣었다
> 순간 칼이 탁자 아래로 떨어졌다
> 나는 황급히 복면을 벗어 던지고

그녀의 가슴에 있을 큰 상처가
뱀처럼 꼬여 들고
그녀의 심장이 삐져나와
딱, 딱, 탁자 아래로 떨어졌다
항상 피 묻은 나의 손
그 가슴을 감행하던 나의 손
허겁지겁
사과를 주워 탁자 위에 올린다.

—「진료실의 정물화」 부분

정물화와 환자, 그리고 의사의 관계를 설명하고 있는 이 시에서 시인인 의사는 정물화의 원형을 보존하는 것에 관심을 갖는다. 본래 안정감이 있으며 평화가 넘치는 정물화라고 할 수 있는 인간의 존재는 병원에 입원하는 순간 그 균형이 깨어진다. 더 이상 아름다운 정물화가 아니라 치료를 받아 변해야 아름다워지는 환자인 것이다. 이로 인하여 정물화의 사과를 꺼내어 깎아 먹으려 하는 정신적 방황을 시인은 포착하고 있다.

또한 모든 사람들이 병이 없고 정상적이었으면 좋겠으나 아름답고 소중한 사람들이 몹쓸 병에 걸려서 결국에는 병원에 온다. 이로 인하여 심미적이었던 의사의 환상도 깨어져 버린다. 그것은 환자의 환부를 만지며 메스를 들이대며 절개를 하고 흐르는 피를 닦아 내며 치료를 해야 하는 것이다. 그러나 시인은 환자와 의사가 아닌 인간 대 인간으로 만나기를 기원한다. 아름다운 정물화가 처음부터 핏빛이 없었던 것처럼 말이다. 그것이 본래 인간이 가진 정신이며 사람들이 추구

하는 상태일 것이다. 그러므로 서정적 화자는 본래적인 위치로의 복원을 간절히 꾀하고 있다고 할 수 있다. 환자의 상태는 정상적인 것에서의 전복이며 의사는 이러한 환자들의 회복을 도모한다. 환자가 의사의 집도로 치료되어 본래의 모습을 되찾는다면 그것은 정물화의 본래 모습의 복원이다.

2
구급차는 윙윙거리며 울었고
차단된 유리벽 저편에서
로마의 전투병처럼
나는 복면을 하고 칼을 갈았다

복면들 황급히 달려나와
일제히 격투를 한다
철마가 밟고 간 그의 목에
구멍을 내고, 튜브를 꽂았다
산소를 불어 넣으며
흰 소매에 사혈死血이 튀었다

(…중략…)

4
응급실에서
언제나 나의 칼날은 지극히 무디었다
다만 밤을 지새운 전투에 나는 항상 지쳐 있다.

—「응급실에서」 부분

병원의 응급실에서는 사투를 벌이는 환자를 자주 대하게

된다. 지혈하지 않으면 사망할 수도 있고, 당장 수술을 하지 않으면 며칠 내로 사망할 수도 있다. 이러한 다급한 상황 속에 있는 의사에게 환자 한 사람 한 사람은 모두 연민의 대상이다. 누구인들 삶을 치열하게 살지 않았으랴. 아주 치열한 삶을 사는 대부분의 사람들은 치열한 삶으로 인하여 자신이 병든 줄도 모르고 지내다가 병이 깊어 쓰러졌을 때에야 병원에 실려 오게 된다. 「응급실에서」이란 시에 등장하는 환자도 마찬가지이다. 새벽에 일찍 일어나고 시장에서 배추를 팔았으며 전신에 진한 땀내를 풍기며 사는 사람이었다. 그러한 그의 숨통을 조인 것은 가난한 삶도 아니고 병든 고통의 육신도 아닌 '철마와의 정면 대결'이었다. 철마와 충돌한 그를 치료하는 의사의 팔에 사혈死血이 튄다.

이 시에서는 재치 있는 표현이 돋보인다. 의사의 복장을 '복면覆面'이라는 단어로 표현하고 "구급차는 윙윙거리며 울었고/ 차단된 유리벽 저편에서/ 로마의 전투병처럼/ 나는 복면을 하고 칼을 갈았다"며 극단의 생사의 순간을 희극적인 상황으로 도치시키고 있다. 뒤이어 복면들 달려나와 일제히 격투를 벌이고, 상황은 난장판이 된다. "철마와 정면 대결"한 이 사람을 붙들고 목에 구멍을 뚫고 산소를 불어 넣었지만 기어코 "절명의 순간"이 오고야 만다. 서정적 화자는 환자의 이름을 마지막으로 불러 준다. 경황없는 그 순간에도 그가 마지막으로 누군가에게 자신을 확인할 수 있는 시간을 시인은 마련하여 준다. 이름을 부르는 일, 이름이 불려지는 것에 대한 의미와 존재감으로 만감이 교차하고 이를 비껴가면서도 의사는 환자의 늘어진 손을 잡는다. 김춘수 시인이 존재의 의미를 이름을 부르는 일에서 찾았듯이 시인은 환자의 이름을 불러 절명의 순간에 그의 존재를 확인한다. 누군가를 명명하는 것은 그 사람의 의미이며 가치를 뜻한다. 존재의 확인이면서 동시에 가치의 확인이다. 비록 죽음으로 인하여 그의 이름이 역사 속으로 사라진다 하여도 그의 의미는 이름으로 남을 것이기 때문이다.

오늘 시장에서는
푸성귀 두어 다발
망설이며 사 들고
두려움의 거리 건너왔을 그대여
문득 머물고 간 잠든 얼굴의 미소
그대 꿈속에서나마 영화로운 일상에
예사로이 귀금貴金의 홍정이나 하는가
그러나 그대여
섣불리 희망으로 가서는 안 되네

살 속 깊이 스며드는 한기寒氣의 실내
보게나, 기침하며 가구들이 날아다니고
나는 끊임없이 원고지를 메우지만
구석구석 목말라 있는 시정詩情과 내가 키운
무릎 다친 말馬들의 아우성과
적막으로 갈앉은 불면
그러나 그대여
섣불리 실의失意에 차서 돌아서지 말게나

—「겨울밤을 위하여」 부분

「겨울밤을 위하여」에서는 아내를 향한 애틋한 사랑의 독주가 흘러나온다. 희망을 홍정하거나 그렇다고 실의로 돌아서지 말라는 당부로 아내의 고단한 삶을 다독이고 있다. 의사의 아내이기에 어려움이 없을 줄 알지만 그의 아내도 시장에서 '푸성귀' 두어 다발을 망설이며 사 들고 오는 필부匹婦인 것이다. 필부인 그대는 오늘도 두려움의 거리 건너 고단함으로 잠이 들어 있다. 그러한 그녀에게 선불리 희망으로 가서는 안 된다고 말한다. 쉽게 희망으로 가는 것은 자신의 실체를 알지 못하고 희망이라는 가벼운 사유에 이끌리는 것이기 때문이다. 희망도 사치가 되는 까닭은 인생의 의미는 고난과 고통을 통해서 오기 때문일 것이다. 우리가 거쳐 온 삶의 질곡은 그 의미가 대단히 깊지만 선불리 희망을 품어 소실하게 된다면 그 자리에 가벼운 진실만이 난무할 것이기에 이를 경계하는 시인의 목소리이다. 그리하여 아내에게 당부하는 구체적인 말은 "꿈속에서나마 영화로운 일상에/ 예사로이 귀금의 홍정이나 하는가"라는 것이다. 꿈속에서라도 영화로운 일상으로 다가가지 말 것이며 값비싼 귀금속을 홍정하지 말라는 것이다. 삶은 그렇게 쉽게 영화로운 일상이나 귀금을 대해서는 안 된다는 절대가치를 시인은 아내에게 일러 주고 있다.

또한 아내에게 한 가지를 더 부탁하고 있다. '선불리 실의의 가치에' 돌아서지 말 것을 당부하고 있는 것이다. 삶이 적막으로 불면의 밤을 맞을지라도 실의에 빠져서는 안 된다는 점을 강조하고 있다. 꿈은 언제나 행방이 묘연하였고 초조하게 기다려야 하니 꿈에 기대지 말자는 것이며, 한기 넘치는 실내에서 기침하며 가구들이 자리를 잡지 못하고 서성거릴 때에도 그것이 모두 절망만은 아니라는 점을 말하고 있다.

날을 세운 쾌속정 하나
바다를 둘로 가르며 끝없이 밀려옵니다
바다의 골격이 하얗게 무너집니다
영락공원 화장장 화로에 그대를 밀어 넣고 반 시간,
모래바람이 하얗게 하늘을 덮었습니다
우리 시대정신의 파편들은
짙은 향수의 입자처럼 사방에 흩어졌습니다
과일 껍질 벗기듯 비밀 속속 드러나는 계절에
사람들은 모두 수의를 걸치고 처절한 형장으로 갑니다
아버지도 삼촌도 친구도 조카도……
모두 하얀 이슬처럼 사라집니다
아, 일체를 자르는 칼날 같은 계절이 쓸쓸히 다가옵니다
시방 몰운대 수평 너머 아련히 멀어지는 해도海圖 위
나는 난파선 돛대에 올라
어머니 태를 끊던 흰 실과 중년의 색 낡은 코트 덮어 줄
흰 눈의 소식을 기다리고 있습니다.

—「몰운대에서」 전문

누군가를 화장하고 있는 시간을 흰 색의 색채대비를 통해 선명하게 드러내고 있는 시이다. 하얀 가루로 변한 그대는 모래바람이 뿌옇게 하늘을 덮은 시간에 머물고 있으며 서정적 화자의 정신은 옛 시간에 대한 향수로 온통 뿌옇게 시야가 흐려져 있다. 사람들이 장례를 거쳐 봉분을 만들든 봉안을 하든

지 그것은 처절한 처형장으로 가는 것과 같이 모두 이슬처럼 사라진다고 표현하고 있다. 이것은 죽음을 단절로 보는 사고이다. 단절은 서정적 화자에게 몹시 절망이며 그가 끌어안고자, 선불리 끌어안고자 했던 희망과의 단절이기도 하다. 사람들이 모두 사라지는 계절, 시인에게 닥쳐온 현실은 갑작스러운 이별이었을 것이다. 아버지, 삼촌, 친구, 조카까지 한꺼번에 잃은 슬픔은 마치 처형장에 있는 것 같은 사람들의 운명을 느끼게 하였다. 그러나 시인은 난파선에 올라 "어머니 태를 끊던 흰 실과 중년의 색 낡은 코트 덮어 줄 흰 눈"을 기다리고 있는 모습으로 형상화된다. 이것은 '흰 눈'의 의미가 단순하지 않음을 암시한다. 흰 눈은 시인의 아픔을 달래 주며 덮어 주는 깨끗하고 순수하며 맑은 이미지를 상징한다.

수시로 당신에게 편지를 씁니다
지금 한창 단풍 단장하느라 바쁘지만
당신의 어디쯤에 잠시 멈추어 서서
이 가을의 호흡을 같이할 것입니다

그때 나의 엽신葉身이 낙엽처럼 뒹굴어
주위에 스산한 바람을 타고
혹 당신께 닿을지도 모른다는
부질없는 희망을 가져봅니다

—「시월의 편지」 부분

당신의 가슴에 청진기 대면

심장의 박동 소리만 들리는 게 아닙니다

(…중략…)

당신의 가슴에 청진기 대고
때로는
기다림에 지친 내 욕망의 파열음을
밤을 지새운 새벽달의 피울음 소리를
세상 마지막 인사를 들었습니다

—「당신의 가슴에 청진기를」 부분

「시월의 편지」는 어떤 대상을 향한 메시지를 전달하는 형식의 글이다. 현대인들은 '편지' 에 대한 경의나 예의를 잊었다고나 할까. 신서정의 시대라 할 수 있는 이메일을 주로 쓰고 있는 현대인으로서는 편지가 고투苦鬪스럽고 고전의 산물인 것 같은 느낌을 갖는다. 그러므로 수시로 '당신' 에게 쓰는 편지는 애정이 듬뿍 담겨야 가능한 일이라 할 것이다. 이 시에서 가을에 엽신이 뒹굴 때 낙엽이 편지를 대신할 수도 있으며 단풍의 모습 그 자체가 편지일 수도 있다. 그러기에 시인은 단풍이 '단장' 을 한다고 하였으며, "엽신이 낙엽처럼 뒹굴어"라고 표현하여 편지가 단순한 편지가 아닌 자연의 편지임을 드러내고 있다.

「당신의 가슴에 청진기를」이라는 시에서 청진기는 단순히 의료를 펼치는 기구로서 사용되는 것이 아니다. 몸속의 소리를 듣는 청진기는 내면의 소리까지 들으며 대상을 진단한다.

사랑의 소리, 빗물 소리, 호흡 소리, 이슬 구르는 소리, 아이들 웃음소리 그리고 기다림에 지친 욕망의 파열음을 듣기도 하며, 밤을 새고 난 달의 피울음 소리를 듣기도 한다. 사실 단순하게 생각한다면 무관심으로 소리들이 같게 들릴지 모르지만 미세한 움직임과 소리의 변화에 귀를 기울인다면 청진기를 타고 흘러들어오는 소리를 통해 환자의 몸 상태와 심적 내면까지도 잡아 낼 수가 있는 것이다. 매튜 아놀드는 시는 오직 사물을 표현하는 가장 아름답고 인상적인, 슬기롭고도 효율적인 방법이라고 하였다. 청진기나 단풍을 보면서 인상적이고 아름다운 모습을 시로 담아 내는 것은 그야말로 슬기롭고 효율적인 방법이라 할 것이다.

당신께서 처음 내게 왔을 때
바리세인 시몬처럼
나는 당신께 발 씻을 물을 드리지 못했습니다
당신께 입맞춤할 엄두도 못 내었고
그 흔한 감람유도 당신의 머리에 붓지 못했습니다

(…중략…)

이슥고 당신이 늦잠에서 깨어나면
노을 짙은 나의 창문을 열겠습니다
당신의 눈 그윽히 닿는 곳에
하늘거리는 코스모스 지천으로 풀어 놓고
가을 깊은 잔치를 배설할 것입니다.

—「후회」 부분

신앙에 관한한 조광현 시인은 매우 맑은 순수지정의 지점에 머물러 있다는 것을 느낄 수 있다. 단순히 신에게 무엇을 해드리지 못해 후회한다는 고백이 들어 있기 때문이다. 절대자가 자신에게 왔을 때 해드린 것이 너무 없어 후회하는 시인의 고백은 앞으로 그러한 아쉬움을 해소하겠다는 미래지향적 태도로 나아간다. 당신의 발을 씻지 못하고 감람유를 붓지 못한 시인은 당신이 내게 오는 언젠가를 고대한다. 그때에는 발을 씻고, 향유를 붓는 것은 물론이거니와, 연인처럼 당신이 늦잠에서 깨어난다면 노을 짙은 창을 열고 아름다운 풍광을 보겠다고 고백한다. 당신의 눈이 닿는 곳에 아름다운 풍경을 지천으로 풀어놓고 가을 깊은 잔치를 배설하겠다고 한다. 시인에게 있어 '당신'은 절대자이기도 하지만 연인으로서의 모습을 내포하는 것으로 이 시를 통해 이해할 수 있다.

요즈음 기독교는 사람들로부터 많은 지탄을 받고 있다. 특유의 독선과 아집으로 말미암아 사람들을 포용하지 않으며 고착화된 태도로 일관하고 오히려 개혁은커녕 보수화하는 성향을 지녔기 때문이다. 사회는 급변하나 교회는 오히려 패쇄적이며 변화를 거부하는 양상이다. 그럼에도 시인은 신앙적인 순수한 자세를 고집한다. 오랫동안 종교적인 양심과 믿음을 지켜 온 때문일 것이다. 이로 인하여 신앙의 자세는 지고지순한 태도와 순수한 지상낙원을 염원하고 있음을 드러낸다. 조광현 시인이 바라는 완전한 세상은 절대자가 나타나 세상이 평화와 안식을 누리는 절대세계일 것이다.

조광현 시인의 시는 대체로 말을 아끼면서 절제된 조탁의 언어를 통해 주관적인 세계를 표현하고 있다. 내면적인 통찰로 시인의 주변에 드러나는 일상을 담담한 필치로 운율적 압축미를 형성하면서 절제된 언어를 통해 드러내고 있다. 앞으로도 세태를 좇는 것이 아니라 자신의 목소리와 색깔로 정제된 단아한 세계를 언어의 조탁과 세련으로 펼쳐나가길 기대한다.

시인 조광현/ 曺洸鉉

1949년 김해 출생
2006년 『미네르바』로 등단
2006년 『에세이스트』에 수필로 등단
부산의사문우회 회장, 그린닥터스 공동대표
대한흉부외과 학회장, 부산백병원 병원장 역임
현재 인제대 흉부외과 교수, 백중앙의료원 부의료원장
세계심장혈관외과학회 정회원
미국흉부외과학회(STS) 정회원

e-mail: ctsckh@inje.ac.kr.

때론 너무 낯설다

지은이 | 조광현
펴낸이 | 설보혜
펴낸곳 | Poetics 시학
1판1쇄 | 2009년 11월 20일
출판등록 | 2003년 4월 3일
주소 | 서울 종로구 명륜동1가 42
전화 | 744-0110
FAX | 3672-2674

값 6,000원

ISBN 978-89-91914-75-9 03810